麻雀牌

170 YEARS OF MAHJONG TILES

U0106609

的170年

中華書局

林準祥
Otto C. C. Lam

著

林準祥
Otto C. C. Lam
著

麻雀牌的170年

170 YEARS OF MAHJONG TILES

責任編輯　黎耀強

裝幀設計　簡雋盈

排　版　時　潔

印　務　劉漢舉

出版

中華書局（香港）有限公司

香港北角英皇道 499 號北角工業大廈 1 樓 B

電話：（852）2137 2338

傳真：（852）2713 8202

電子郵件：info@chunghwabook.com.hk

網址：http://www.chunghwabook.com.hk

發行

香港聯合書刊物流有限公司

香港新界荃灣德士古道 200 - 248 號

荃灣工業中心 16 樓

電話：（852）2150 2100

傳真：（852）2407 3062

電子郵件：info@suplogistics.com.hk

印刷

深圳市雅德印刷有限公司

深圳市龍崗區平湖街道輔城坳工業

大道 83 號 A14 棟

版次

2024 年 4 月初版

©2024 中華書局（香港）有限公司

規格

32 開（210mm x 150mm）

ISBN

978-988-8861-61-3

目錄

序

麻雀牌受歡迎的程度，幾乎每個華人家庭都有一副。不論他們是否喜歡打麻雀，為了應酬，或是追求賭博的刺激，每個成年人的一生中，亦曾涉獵過麻雀牌的要樂。麻雀牌早已成為華人的國粹，遍佈世界每一個角落。打麻雀亦被公認為最複雜的遊戲。既然如此複雜，規則又多，為何會成為今日大受歡迎的遊戲呢？

本書以實物和文獻，重新梳理麻雀牌的出現和發展的情況，對於民間和網上流傳的錯誤資訊，作出嚴謹的修正和補充。不論你對打麻雀的興趣如何，但不能不知道，這個最受歡迎的遊戲，摸在手上的麻雀牌，它是怎樣來的？

作者

草於快活谷

2024 年 3 月 18 日

第 一 章

麻雀牌遊戲的
特質

有一個問題：「你心目中，最受歡迎和最複雜的遊戲牌，是什麼呢？」毫無懸念，答案幾乎是一致的：麻雀牌。無論你是玩麻雀牌的新仔或者是老手，喜歡賭博的刺激或是為了聯誼交流才打牌，麻雀牌的吸引和受歡迎的程度，幾乎達到每個華人家庭都擁有一副麻雀牌。在世界上，它受歡迎的程度，僅次於西方的 21 點撲克牌。

最奇怪的是：麻雀牌既然被公認為非常複雜的遊戲牌，不論牌的數量、大小形狀和玩樂時所佔的空間，麻雀牌比起其他遊戲牌來說，絕對是不簡單的。以標準 144 隻牌來計算，每人 13 隻牌，牌桌上面還有 92 隻牌是不確定

的，屬未知之數；到底你什麼時候拿到什麼牌；拿到的牌是否你需要的牌？又是另一個未知數。比起橋牌，麻雀牌有更多未知之數，複雜得多。經一些統計學專家的研究，144 隻麻雀牌，做牌可以做出二百多萬到三百萬種不同的花樣。就算以打牌有六七十年經驗的老雀友來看，也從來未遇到過拿起 13 隻牌是完全一樣的；同樣也從未試過叫糊時，是兩副完全相同的牌。現在麻雀牌的打法，是從老規章，結合各地不同的打法，制定出來的新規則。以最簡單篩選出來的食糊組合，也有 81 個番。可見麻雀牌是非常複雜，並不是容易入手的遊戲。

■ 麻雀牌遊戲由中國帶到西方世界，是始於上海。圖示由美國公司在上海印製麻雀遊戲紙牌的外盒設計，充分反映上世紀二十年代的特色。作者藏品。

接着的問題是：「為何如此複雜的遊戲，竟然能夠風靡全球華人，更流行到世界每個角落？」為了追尋答案，我們從現有的麻雀牌實物和文獻記錄中，重新追尋和梳理「麻雀牌真實的故事」，以釐清一些錯誤的觀念和民間傳說。對於雀友們來說，這是重要的認知。他們天天摸着的牌，究竟對它的認識有多少呢？今天我們便一起去追尋答案。

1941 年日本入侵香港前的夏天，中環路旁的市民正在攻打四方城。照片由美國特約新聞攝影記者 Harrison Forman 拍攝。

今日我們玩的麻雀牌，世界各地都有本土的打法，其中主要的分別在於牌的數目、規章、做番子和叫糊的不同。但基本的玩法，已達到一個標準的形式和規律。能形成這樣的情況，是麻雀牌經過了 170 年不斷的演化，才出現今天的形態和受歡迎的成果。

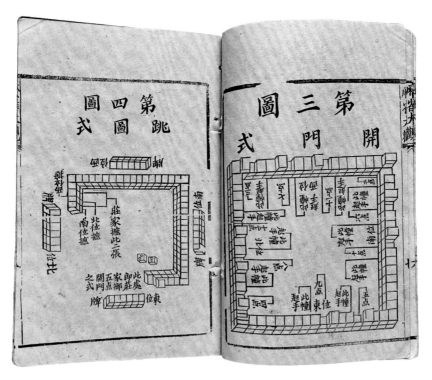

中國第一本《麻雀牌譜》，列出遊戲的玩法和規則，經過百多年，打牌的內容變動不大。作者藏品。

第 二 章

麻雀牌來源的傳聞

追尋麻雀牌的故事和發展，書本、雜誌、網上文章、國際視頻，甚至中央電視台都曾經拍攝過有關麻雀牌的特輯，但內容大多是重複民間傳說和一些未經考證的推論，訊息非常混亂，多是以訛傳訛，跟真實情況相去甚遠。其中不同的傳說，年代可以遠及春秋戰國時期的孔子、唐朝、宋朝、明朝到清朝，各有各的創作故事，內容既精彩但又十分荒謬。

麻雀牌起源的說法，主流是出自蘇州雜文作家谷新之的說法，他將蘇州拉上與麻雀的關係，並大做文章：在沒有確實證據和年代依據下，說江蘇太倉市曾有皇家大糧倉，因

■ 麻雀牌在民國時期，已是每個家庭都有一副的遊
戲牌，但當年仍沒有學者認真尋找它的起源。圖
示兩名民國時期的妙齡少女，正準備開局打牌。

儲糧多而引致雀患頻生，每年損失了不少糧食。管理糧倉
的官吏為了獎勵捕殺雀鳥，保護食糧的行為，以竹製的籌
牌，記錄捕獲雀鳥的數目，並憑此發放獎金，成為「護糧
牌」。文中又指出「筒」代表火槍、「索」代表麻雀，所
以「一索」是一隻麻雀，而「萬」則代表獎勵銅錢的數目，
至於花牌的「風」代表天氣。這種籌牌既可觀賞，又可作
兌換獎金的憑證，更成為遊戲牌。這些毫無歷史根據的說
法，只憑麻雀牌的名稱和出現的圖案，便胡言亂語一番，
誤導雀友！

各朝代的糧倉，一定屬於國家重要的建設，負責的官員不時到訪，查看儲糧的情況。插圖源自電視劇《糧倉》劇照。

麻雀是市雀，古代人不明白自然生態的循環，只見麻雀吃穀物，誤以為是導致貯糧損失的原因，故麻雀一直被農民獵殺。

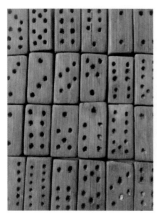

古時用竹料製造的牌九。

明代鄭和下西洋的情景。照片
取自同名電視劇的劇照。

第二種更荒誕的傳聞，便是將麻雀牌扯上鄭和七次下西洋
的事蹟，故事又將鄭和備航的起點，拉到太倉這個名字，
指出官兵在航行中帶同這種麻雀遊戲牌作消遣娛樂。更硬
將鄭和作為內官太監的身份，將這種麻雀牌遊戲帶到宮廷
皇室。為了將故事拉到寧波，指出寧波作為重要的港口，
也是由鄭和的船隊，將麻雀牌傳播到各國的地方。真的是
將著名歷史人物和地方，東拉西扯，綁在一起，亂說一通。

第三種傳說，指出「麻雀」一詞源自「麻將」，本名應是
「抹將」，意指明代著名小說《水滸傳》的 108 名好漢。
更在完全沒有歷史根據下，說元末明初，有個名叫萬秉迢

的人，將《水滸傳》的英雄人物，以 108 張數來作牌子，並以「萬、餅、條」三類作為區別，每類從一到九，各有四張牌，合共 108 張。加上「東、西、南、北、中」五個方位，各添四張牌，合計 20 張，代表來自四面八方。再加上「發」、「白」，隱喻各好漢來自富貴發達和一窮二白的階層，共八張牌，整套牌合共計 136 張。後來又加上各種花牌，成為今日的 144 張。整個編出來的故事，是憑着以前明末一些馬吊紙牌，曾經出現像梁山好漢小說人物的圖像，便穿鑿附會，加在麻雀牌起源的故事上。真的是你有你講，信不信由你！

■ 明代出現的馬吊牌，利用當年流行小說《水滸傳》內的人物，作紙牌部分設計的插圖，目的是迎合大眾口味。這個現象，反被不求甚解的後人，胡亂猜測馬吊牌是源自這部小說。

孔子的學說博大精深，正是儒家思想之源。後人搬出孔子來說麻雀牌的故事，簡直離譜！照片取自電影《孔子》的劇照。

更加荒誕的傳說，指出在公元前 500 年，麻雀牌是由孔子發明，孔子雲遊四方，傳播他的學說和麻雀牌，更將三元牌中的「紅中、青發、白板」，分別用來代表孔子的三個美德：「仁愛、真誠、孝心」，也就是人們常說的「忠、孝、義」。故事說教成分頗高，目的是製造出麻雀牌有深厚中華歷史文化傳承，搬出孔子來說麻雀牌的故事，簡直荒誕無倫！

麻雀牌遊戲已成為華人社會文化的國粹，為了完善遠古中國偉大文化的傳承，麻雀牌的不同傳說，更遠至唐代，曾有人指出魏州昌樂有個叫張遂的人，自幼聰明過人，後來出家當了和尚，取法名叫「一行」。「一行」是我國著名

■　唐代著名的「一行」和尚，亦被利用作麻雀牌發明者的故事。照片取自網上電影《唐僧》的劇照。

科學家，在天文、數學等方面有過傑出貢獻。他於公元722年前後，曾編製一套供人娛樂用的紙牌，印上「萬、索、筒」的圖樣。後來又增加了類似「東、南、西、北、中、發、白」的七種牌。言之鑿鑿，但沒有根據。試想一位唐代的著名和尚，傳聞更褒獎他是當年在科學、天文和數學上的專才，但作為和尚，四大皆空，為什麼會發明一套有金錢標誌的紙牌，給大眾娛樂呢？他為什麼不去製作一些天文科學的研究工具呢？真的是不知所謂！

另外一種傳說，更脫離現實，指出最早記載有關麻雀牌的記錄，是宋代有一本由楊大年著的《麻將經》，書中的內容和現今的麻將牌差不多。這種說法，簡直荒誕不堪，宋

朝的古籍，存世奇珍，現存所有版本都有記載和記錄，每一頁印刷的宋版書頁，現今價值萬元以上，彌足珍貴，但從沒有發現有這本所謂《麻雀經》的著作。可見假訊息混亂視聽，誤人不淺！

■ 宋版書頁，現存的彌足珍貴，全部有記錄和出處，但從沒見過謠傳中的所謂《麻雀經》，胡亂編作一段故事。照片來源：網上照片。

第 三 章

追尋麻雀牌真實的故事

至於清代有關麻雀牌來源種種不同講法和傳說，並不值得談論，原因是真正麻雀牌的來源，也是發生於清代。為了釐清麻雀牌起源的故事，我們從現存的實物、著作和文獻的記錄，中西各方面的資料，作互相交叉引證，才達到最可信的結論。

現存最早記錄麻雀牌遊戲的中文書籍，是民國三年（即1914 年）由上海青浦一名醫生沈一帆編寫的遊戲奇書：《麻雀牌譜》。書中指出：「麻雀之始，始於寧波，不過三十餘年，繼及蘇浙兩省，漸達北京，今則風行遍中國人。」沈醫生形容他學習麻雀牌已十幾年，麻雀牌已經

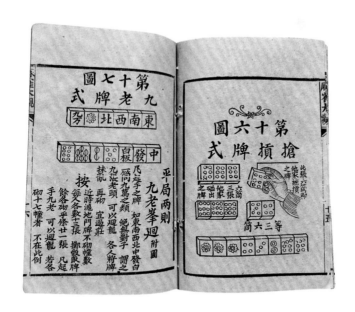

■ 中國第一部《麻雀牌譜》的內頁。

是「無論通都大邑，僻壤窮鄉，人無論士農工商，婦人孺子，無不家置一具」。他的著作已被確認為中國第一部麻雀牌譜，出版時已十分暢銷，在廣州和香港都有分銷出售。在香港，更一直抄襲翻印此著作到五十年代。沈醫生書中指出當年麻雀牌受歡迎的情況，可從另一本由商務印書局出版，宣統元年（1909年）首部的《上海指南》得到證實，《指南》內文的卷九「風俗篇」，指出來自廣東的「鹹水妹」，以房間租賃人打麻雀，兼賣淫……。可見打麻雀牌在清末已深入民間各種階層，非常流行，在清末已經和賭博賣淫這種場所拉上關係。

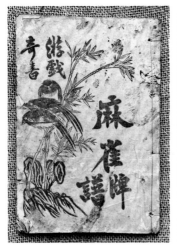

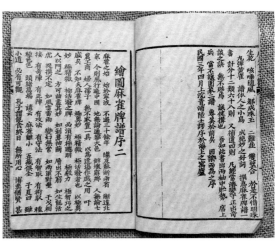

■ 中國第一本《麻雀牌譜》封
面。作者藏書。

■ 《麻雀牌譜》內的作者自序，談及
麻雀牌的流行。

■ 宣統元年的第一部《上海指
南》。作者藏書。

■ 《上海指南》卷九「風俗篇」內，
有談及麻雀牌的流行，並被利用作
賣淫場所的活動。

依據沈醫生指出，麻雀牌是源自寧波，時間是三十多年
前的 1875 年至 1880 年間。無獨有偶，現存最早的一
套麻雀牌，正是由美國駐上海領事和海關稅務司吉羅福
（George B. Glover）所捐贈，現存於紐約布魯克林博物
館（Brooklyn Museum），送贈的時間是 1875 年。吉羅
福於 1858 年至 1882 年間，曾在中國不同的商埠任職。
在福州任職稅務司時，搜購當年仍是新興的遊戲牌，帶回
美國。這是研究麻雀牌來源的重要實物線索。

清代美國駐華大使館外的景象。

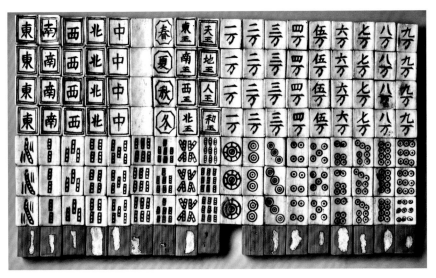

現存於美國紐約布魯克林博物館最早的麻雀牌，於 1875 年由駐福州美國領事吉羅福帶回美國，是研究麻雀牌來源的重要實物線索。照片取自 Brooklyn Museum, Gift of the Long Island Historical Society, #28.779。

從布魯克林博物館展示現存最早的一套麻雀牌看，除了缺一隻牌外，它與現代 136 隻麻雀牌基本是一致的。竹骨物料雕刻製造。從殘破的痕跡來看，此套牌已經使用過至少十多二十年，更出現了兩隻補牌，補牌的雕刻和製作，明顯和整套牌是有工藝上的分別。依此推斷，這套麻雀牌應該於大約十多二十年前在上海或福州製造，亦即是 1855 年至 1865 年間。因為全副牌是原牛骨厚料竹背製造，以當年來說，全套牌最少值八至十兩銀，售價不菲，並非一般家庭能夠負擔。

此套麻雀牌最大的特色，除了「筒子、索子和万子」，由一至九，共 108 隻牌外，餘下的風牌和花牌，十分特別，正是考究出處的重要線索。其中風牌的「東、南、西、北」牌，每隻牌四周圍着紅和黑方形的外線，像城牆一般。它沒有今天的「發」字牌，代之是「春、夏、秋、冬」牌各一隻，設計以中國傳統的窗框形狀作外線。

作為花牌，出現了「東王、南王、西王、北王」，還有「天王、地王、人王、和王」各一隻，共 8 隻花牌。這些花牌都有方形外線圍繞着；前者單線，後者紅黑雙色雙線。另外一個特色，是「一索」牌的設計圖案，展示一隻振翅飛翔的昆蟲，頭上有紅點，身體形狀和其他索子形狀一致。至於一筒的圖案，完全不是現今的菊花或是梅花，而是出現很清楚的航海船用的圓形方向舵。

這些獨特的資料，正是麻雀牌的製造者用作反映當時的背景。其中最重要是「東王、南王、西王、北王」牌的出現。翻查清朝出現這四個王，只有太平天國成立後的 1851 年，才有封王的情況：東王楊秀清——九千歲；西王蕭朝貴——八千歲；南王馮雲山——七千歲；北王韋昌輝——六千歲。其中南王和西王在與清軍對抗時戰死，故

現存最早的麻雀牌，其中風牌設計：「東、南、西、北」牌，每隻牌四周圍着紅和黑的方形外線，像城牆一般。

「太平天國牌」最大的特色是它的花牌，居然出現了「東王、南王、西王、北王」，還有「天王、地王、人王、和王」各一隻，共八隻花牌。翻查清代，只有太平天國在1851年才有封這四個王。這些花牌都有方形外線圍繞着；前者單線，後者紅黑雙色雙線。

「太平天國牌」另外有一個特色，是「一索」牌的設計圖案，展示一隻振翅飛翔的昆蟲，頭上有紅點，形狀設計和其他索子牌是一致的，但並不是雀鳥。

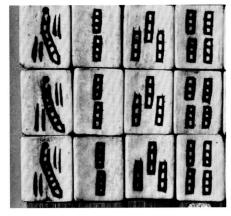

此二王在 1854 年已不存在。這套牌用上四王，製造這套牌的時間極可能是 1851 年至 1854 年間。另一個須要注意的特點：就是「一筒」出現的圖案，是一個用於船上的方向駕駛舵。從其後麻雀牌發展的設計圖案中，不難發現一筒的設計，通常會被製造者或製造廠用作代表出品人的單位。而這個代表航海使用的標誌，非常獨特，是和航行船隻有關。

太平天國成立後的 1851 年，才有封王的情況：東王楊秀清——九千歲；西王蕭朝貴——八千歲；南王馮雲山——七千歲；北王韋昌輝——六千歲。插圖取自電視劇《太平天國》劇照。

■ 「太平天國牌」另一個須要注意的特點，就是「一筒」出現的圖案，是一個用於船上的方向駕駛舵，也是追查最早麻雀牌來源的依據。

■ 「一筒」的設計，通常會被製造者用作代表出品人的單位。而這個代表航海使用的標誌，非常獨特，是和航行船隻有關。

■ 「太平天國牌」竹製部分很明顯破損嚴重，相信是在船隻上使用時，被風吹雨打、海水侵蝕所造成的破壞有關。論點依據中央電視台訪問寧波天一閣研究員龔飛輝的分析。

再細看這一套牌的品相，很明顯竹製的部分已破損嚴重，比起一般正常使用的竹骨麻雀牌，破爛的程度嚴重得多。非常相信這是在船隻上使用時，被風吹雨打、海水侵蝕所造成的破壞有關。若推算沒有錯誤，這套牌和太平天國的水師是扯上關係的。

就年份推算，清朝一直都設有水師。但太平天國建立後的1852 年，才招募水手。據說當時在湖南販賣木材和大米生意的唐正財，投靠了楊秀清，成為領導太平軍水上作戰最得力的人才。唐本人精通水性，懂得駕船和搭建浮橋。1852 年底，太平天國建立了自己的水師，人數總計約二萬餘人。唐正財被封為「典水匠」，職同將軍，大小船隻

皆由他調遣。1853 年 1 月，唐領導的水師攻破長江水路運輸主要重鎮——武昌城。論功行賞，唐的水師被正式規劃為水營，分為九軍。從這段歷史可以看到，這套麻雀牌的背景，反映了太平天國水師營的將領，特別訂製在船上耍樂用的遊戲牌。

■　太平天國建立後的 1852 年，才招募水手。同年年底，太平天國建立了自己的水師，人數總計約二萬餘人。翌年，水師被正式規劃為水營，分為九軍。插圖取自電視劇《太平天國》劇照。

太平天國兵員來自五湖四海，定立《行軍總要》的守則，規管兵員的行為，非常重要。

航海人在海上生活枯燥，嘗試以南方盛產的竹子，來製造耍樂的牌，帶到船上使用。

這方面推測，亦和 2012 年中央電視台訪問寧波天一圖書館學術研究委員會副主席龔飛輝的說法吻合：「因為一直使用耍樂的紙牌，在航海中容易被海水弄濕而破損，或是被風吹走。所以航海人便以南方盛產的竹子，來製造耍樂的牌，帶到船上使用。」麻雀牌正是一群水手在航行中，消磨時間和玩樂的最佳良伴。

雖然現存第一套麻雀牌是出現於太平天國時期，亦極有可能是由當年太平天國的水師營官員所使用（以後簡稱為「太平天國牌」），相信在竹骨用料製造的麻雀牌出現的同時，也有全竹製造的牌，是一般水手使用。至於在竹牌之前，完整的麻雀紙牌實物並不存在。所以在追尋麻雀牌

更早的源流，便出現了斷層。考究其他原因，是太平天國天京於 1864 年被攻破，到 1872 年被完全殲滅。清廷斬草除根，連根拔起，徹底殺害任何與太平天國或基督宗教有關的華人，不論男女老少，一個不留。中國各處血流成河！造成高達三千萬人死亡的數字，也是世界有史以來死亡人數最多的內戰。亦因如此，任何與太平天國有關的事物或記載，在民間早已自動燒毀，以免惹禍上身。至於現存的「太平天國牌」，若不是西方官員帶到美國，也可能從此在世上消失。

■ 清軍擊敗太平天國後，任何與太平天國或基督宗教有關的華人，一律趕盡殺絕，不論男女老少，一個不留。圖示清末北京出口畫師周培春繪畫的「清代酷刑」。

第 四 章

麻雀牌出現前的考證

在追溯麻雀牌發展的源流，不少人提及「馬吊牌」和更早的「葉子戲」，指出這些遊戲紙牌，便是麻雀牌的前身。但在這方面的研究，非常散亂，各說各話，沒有一個確實的線路，指出如何發展到麻雀牌獨特而複雜的玩法。至於追查麻雀牌出現的時段，西方的記錄可以作為補充研究資料。西方文獻中，最早完整提及中國賭博用具，是出現於1846 年，一名精通華語和印度語的英籍商人仙尼華四（P. Streenevassa Pillay），他用寧波語音，編寫了一部華英字典：《英華仙尼華四雜字文》，內容中、英、印度文並列，由定海舟山南門外太保廟刊印。出版一部華英字典的

■ 1846 年，由英籍商人仙尼華四用寧波語音，編寫了中國早期的三文三語字典：《英華仙尼華四雜字文》。作者藏書。

■ 《英華仙尼華四雜字文》書中「賭具門」中收錄賭博活動用詞。

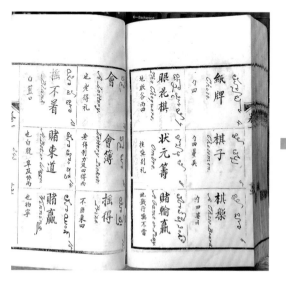

■ 《英華仙尼華四雜字文》內的「賭具門」中收錄了 1846 年寧波出現的賭具名稱，但並沒有列出「麻雀牌」或相關的遊戲名詞。

原因，是當時略通英語的華人翻譯員，全中國不多於 100
人，有語言天份的仙尼華，希望編寫的這部字典可以幫助
華人認識和說好英語，方便他們在寧波和各埠能和外商直
接溝通。

這部早期中英文字典，收錄了當年在寧波流行的賭具和戲
耍活動的名詞。在「賭具門」中，列出了當年各種賭具與
賭博活動的用語。其中記錄的賭具包括有：擲骰、紙牌、
棋子、眼花棋、狀元籌、賭輸贏、會報、賭東道、搖骰。
可見當年的賭博形式，已是多姿多彩。當中「棋子」是指
象棋，「眼花棋」指圍棋，「狀元籌」是一直流行。至於
「擲骰」和「搖骰」都是賭大小；「會報」近似今天的「字
花」。至於「紙牌」，因為沒有實物，並不能指出這便是
麻雀紙牌，反而「紙牌」最大可能是指歷史更悠久的「牌
九」紙牌或馬吊牌。因為書中亦指出「扯牌」的活動，通
常是馬吊牌，用上「看虎」的玩法，是鬥大細，不像麻雀
牌要做牌那種行為。最特別之處是這部字典的作者當年正
是身在寧波，而寧波也是後期被指為麻雀牌的發源地。從
這個詳盡的記載看，可以了解在 1846 年或之前，麻雀牌
這種遊戲，仍然未出現於寧波。

清末流行的「葉子戲」牌，1909 年。現存於美國紐約布魯克林博物館。

1850 年香港出口畫中，顯示街頭擲骰賭博遊戲的畫像。作者藏書。

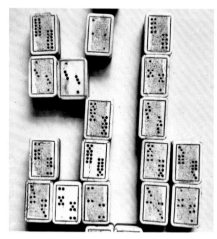

清末民初的竹骨牌九。

古代和現代的骰子比較。網上照片。

雖然麻雀牌的出現可以追溯到太平天國時期，也可能來自它的水師，至於更早的前身：紙牌形式的記載並不存在。可能因為麻雀牌內的「筒子」、「索子」和「萬子」的圖形和明代的馬吊牌十分相近，所以一般人都認同麻雀牌是出自馬吊牌的說法。

■ 明代馬吊牌經過不斷的演變，由早期 30 張牌，發展到現代 120 張或不同數量的牌，但玩法和麻雀牌完全不一樣。

中國遠至殷紂王之前已有博戲，圖示出土的陶俑展示兩人正在玩博戲。

1400 年代的紙牌，在吐魯番出土，圖片取自 Joseph Needham 著 *Science and Civilization in China: Volume 5, Part 1, Paper and Printing*。

「六博」是中國古代博戲之一。圖片是出土漢代的陶俑，展示兩人正在玩一種博戲。

面對不清楚的事物，不求甚解的人，習慣東拉西扯，將所有古代的遊戲都拉上和麻雀牌的關係。遠至殷紂王之前的博戲「六博」；唐代流行的「骰子」和「葉子戲」；宋徽宗宣和年間的「骨牌」（接近今天的牌九、天九牌）；元末至明初出現，而大行於明末的馬吊牌。論者認為這些都是麻雀牌發展出來的歷史背景。其實每一種遊戲紙牌，都有它自身的發展和遊戲相互影響的文化關聯性，不能夠籠統將它們拉在一起，便硬說麻雀牌有二千多年中國遊戲文化的依據。

事實上，最接近麻雀牌圖形的設計，也是明代的馬吊牌，其中的「筒子」、「万子」和「索子」，如出一轍。至於「万子」的簡筆字體，也是沿用明末草書的「万」字，不是到民國成立後，才用上大體字的「萬」字牌。考究原因，主要是明末萬曆年代，天子是「萬曆年」稱號，民間是不能用同一個「萬」字，所以遊戲牌便採用了草書的「万」字。民國時期稱為「小万子」，區別大體字的「萬子」。

從明代馬吊牌上的「筒子」、「索子」和「万子」看，明顯展示三種貨幣單位的形象。這方面，並沒有任何學者深入研究分析，「筒」、「索」和「万」三者的關係又如何？

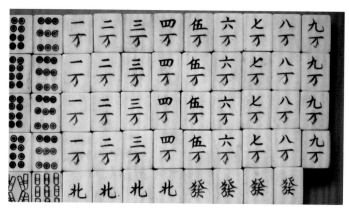

■　清末民初的麻雀牌的「萬子」牌，均沿襲明代馬吊牌採用簡筆的「万」字，並非新中國成立後 1957 年才頒佈的簡體字，情況不能混淆。

■　馬吊牌在民國時期製作的原木刻印刷雕板，用作印刷一套完整的遊戲牌，作者藏品。

之前的研究完全沒有說得清楚，其實三者關係非常密切，亦可解答最初馬吊牌設計者的原本創意，道出設計者所處的時期，以及當時使用的貨幣特有的年代。

■ 中國古代銅錢和一串銅錢，方便攜帶。這種貨幣的設計圖形，被馬吊牌和後期的麻雀牌所採用。

■ 民國時期馬吊牌的木刻雕板，顯示製造者的名字。

■ 民國時期的馬吊牌木刻板，顯示「筒子」和「索子」的圖案。

「筒子」明顯是代表銅錢。「索子」或「條子」便是一串的銅錢,「万子」是一串串的銅錢加起來的大數。若計算三者的遞增數目關係,便明白為什麼遊戲牌只有一至九的數值,因為到十數的時候,便是提升到另一個單位的形態。所以「十筒」,便是「一索」;「十索」便是「一万」。從歷代紙幣發行記錄中,元代、明代和清代都曾經發行過紙幣。不同幣值的紙幣發行最豐富的是明代,由十文錢去到二貫錢的紙幣都有。馬吊牌中的「索子」,明顯是依照當時明代紙幣的圖形而出的,也即是「一索」代表 1000 個文錢的銅錢,「十索」便是一萬個銅錢,也就是遊戲牌中的「一万」。

■ 在廣東南澳島附近沉船,發現一串串的古代銅錢。照片拍攝於汕頭博物館。

■ 清代一貫銅錢的實物形態。

■ 元代至正年間，民間仿製官方
鈔板的石印版「壹伯文」。美
國藏家 Nicholas Ingleton 照片。

■ 明代自洪武年間，已發行
不能兌現的「大明通行寶
鈔」，印刷的面值以一貫錢
為主，其後陸續發行不同
面值的紙幣。但官方從來
不回收，濫發嚴重。

若「一索」代表 10 個「筒子」，即是每個「筒子」並不代表一個銅錢的單位，而是 1000÷10=100，等於 100 個數值，「一筒」是 100 個銅錢的單位才對。問題出現了：明明一個銅錢的樣子，怎麼可能是 100 個銅錢呢？這便是破解設計者所根據的歷史背景，是以「一當百」的計算。考究歷史，早至元代至正年間，便有「一當十」和「百」的銅幣，之後這種形式的銅錢，要到清代咸豐年才

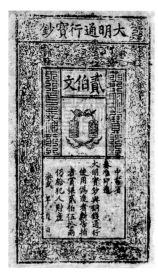

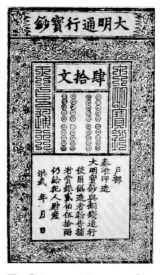

■ 「大明通行寶鈔」曾經發行不同面值的紙幣，圖中展示「貳伯文」，圖案正是麻雀牌的「二索」，作為參考。

■ 「大明通行寶鈔」的「肆拾文」紙鈔，圖案和麻雀牌的「四索」相同。

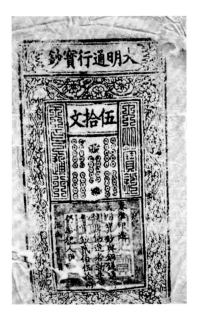

「大明通行寶鈔」的「伍拾文」
紙鈔，圖案和麻雀牌的「五索」
相同。

元代末年的「至正通寶」
銅錢。

元代至正年間，因銅料缺乏，才出現以一
枚銅錢當一百的面值單位。這種特殊情
況，要等到清代咸豐年才再出現。

清朝咸豐年間，出
現大量不同形式
的銅錢，種類多達
5000 多款，其中
一當十、一當百、
一當千等等都有出
現。圖示是一當百
的咸豐年間銅錢。

再出現，因為銅料缺乏，各式各樣的銅錢應運而生，有發現「一當十」、「一當百」、「一當千」等等不同的單位。從特有貨幣產生的年代推算，馬吊牌的設計者，極可能早於元代至正年間創造的。這種貨幣遞增的圖案設計，一直流傳到麻雀牌所採用。

至於馬吊牌在中國境內的流行，有它自身的發展，並沒有停頓，曾出現不同的遊戲玩法和增加了本身的牌數。其中看虎跟馬吊、扯章和打天九一樣，都是鬥牌的遊戲。遊戲的玩家由兩至三個人組成，和麻雀牌複雜做牌的玩法分別

■ 明代馬吊牌的玩法，是可供兩至三個人玩的遊戲。

很大。與其說麻雀牌由馬吊牌演變出來，倒不如說，麻雀牌是利用原初馬吊牌的形式，再由四套牌拼合，組成合共一百二十張牌，可供四人一齊玩；最重要是麻雀牌開創了新的遊戲做牌組合、規則和更複雜的玩法。

翻查明代馬吊牌最原始的牌數和玩法，曾有研究說明代潘之恆於 1613 年編寫了《續葉子譜》中提及鬭天九及馬吊的玩法規則，是兩人或三人玩的「看虎」和「扯牌」的遊戲：除了三種不同的九隻牌外，還有「老千」、「紅花」、「白花」牌（清代稱「箭牌」，後叫「三元」）各一隻，合共三十張一套紙牌。由低至高排列，與所有紙牌遊戲一樣，是逆時針方向的。透過抽最大的牌來選出優先次序。

■ 麻雀牌源自馬吊牌的錯誤印象，主要是其中的設計圖像非常相近。圖示明代馬吊牌出現的花牌是：「老千」、「紅花」、「白花」，其後發展為今天的「發財」、「紅中」和「白板」。

如果是兩名玩家，玩法是每人獲得 13 張牌，餘下 4 張
牌留作存庫，未被使用。若是三名玩家，每人獲得 9 張
牌，餘下 3 張牌存庫不用。

玩法以單張或三張牌組合最大者領先，其他人則以確切的
牌數跟隨。每張捕獲的紙牌值 1 分，捕獲積分多少作勝
負。玩法和今天 21 點撲克牌鬥大差不多，只是多了「老

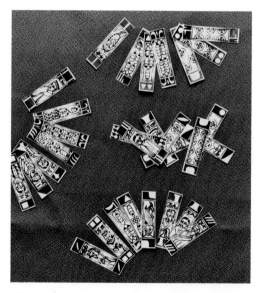

■ 馬吊牌在明代時，最原始的玩法，最多可
供三個人一起玩，是一種鬥大的遊戲。玩
法和牌的數量和麻雀牌完全不一樣。

千」、「白花」和「紅花」牌，可用作打敗其他的子牌，
贏得更多的獎勵積分。當中的「紅花」演變為今日的「紅
中」；「白花」成為「白板」；而「老千」就是今天的「發財」。
其後加上的「東、南、西、北」風牌和其他的花牌，形成
今日最通用的 136 隻或 144 隻麻雀牌的數目。

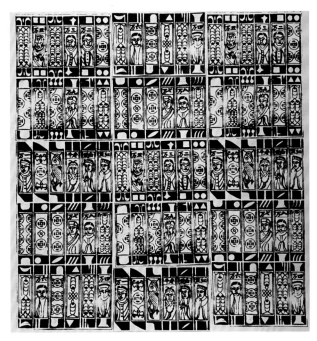

■ 馬吊牌發展到今天，牌數已經由原本的 30 張，
增加至 120 張或更多。

第 五 章

考究「麻雀牌」
名稱的來源

現存最早的「太平天國牌」，除了可以追溯麻雀牌的來源外，亦可以考究麻雀牌其後的發展。其中從牌的不同年代圖形設計、製作使用的物料和工藝表現上，可以梳理出麻雀牌以後的發展和名稱的改變。

其中最困擾的問題，是麻雀牌名字的來源，究竟是先有「麻雀牌」，或先有「麻將牌」？從學者語音考究，指「麻雀牌」的兒化音便是「麻將牌」，所以上海和北方到今天都叫做「麻將牌」，南方與香港就叫「麻雀牌」。主要是「麻雀」的名稱，有文字記錄是早於「麻將」。但考究「太平天國牌」的形式，根本沒有出現過麻雀的圖案，反而是

■ 「太平天國牌」中的「一筒」牌，是設計者用作反映時代背景的設計。

■ 「太平天國牌」中的「一索」牌，首見由一串銅錢，變為一隻振翅的昆蟲。日本學者研究指出，四世紀的《搜神記》一書中，提到這種昆蟲叫「青蚨」，形似蟬而稍大。晉朝時候傳說：塗抹蟲血，是希望錢幣在用完後總能回到主人身邊。所以現存第一套麻雀牌，一定不是稱作「麻雀牌」。

「一索」牌出現了一隻像振翅蜻蜓的昆蟲，而不是雀鳥。查看不同年代麻雀牌圖案的設計，不難發現「一索」和「一筒」牌，都是麻雀牌製造者在設計上反映其時代的位置。

從現存多套早期的麻雀牌實物比較，「一索」牌的圖形設計改變，正代表不同年代的設計特色，從中可以察覺到麻雀牌如何從一串吊錢的索子，發展到「太平天國牌」的一

隻蜻蜓。至於這種形態的昆蟲，日本學者引用中國古籍，指出這圖形應是一種叫「青蚨」的昆蟲，意喻「還錢」。所以早期的麻雀牌，名稱並不可能叫「麻雀牌」。

考究西方一些記錄，清光緒年的 1890 年，曾在中國不同地區任職領事的衛堅信爵士（Sir William Henry Wilkinson），收藏了一套名叫「中發」的麻雀牌，英文

關於麻雀牌名稱最早的記錄，是清光緒的 1890 年，由駐中國的英國領事衛堅信爵士的文書中提及：他收藏了一套英文叫 Chung Fat「中發」的遊戲牌。可見「麻雀牌」通用的名稱，在 1890 年仍未出現。圖示民國十二年製造，供出口的麻雀牌，顯示了孫中山北伐初期的口號：「中華民國，一統山河」，其中的花牌設計，有革命軍旗、五色國旗、大元帥旗等。

Chung Fat 譯音是來自廣東話的英文寫法，所以麻雀牌最初有記錄的名字「中發牌」，亦可能是出自廣東。

至於雀鳥的圖案，直到 1909 年晚清時期的麻雀牌的實物才出現，也是由昆蟲變為雀鳥最早的圖案，可能是由南方廣東，因圖看牌並且改名為「麻雀牌」的稱號。原因是在中國北方，麻雀普遍叫做「家雀」或「瓦頂雀」，比較少用「麻雀」這個稱呼。只有廣東早在 1860 年代，才首見將英文 sparrow 譯作麻雀。踏入民國時期，麻雀圖案的設計，更改為鳳凰，有站立開屏的；亦有側面站立的鳳凰；振翅飛翔的飛鶴；站立的鶴；然後又回復雀鳥站立樹枝的形態，成為今天廣泛使用的一索麻雀圖案。

麻雀在清代的北方地區，普遍名稱叫「家雀」或「瓦頂雀」，並沒有用上「麻雀」這個名詞。

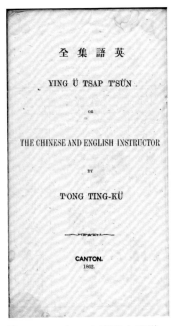

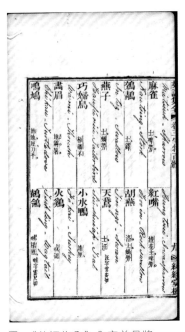

<table>

鳾鳩	畫眉	巧婦鳥	燕子	鷦鷯	麻雀
鶬鶊	火鵴	小水鴨	天鵝	胡燕	紅嘴

</table>

1862 年，由廣東大買辦唐廷樞編著巨型中英雙語字典《英語集全》，內容詳細記錄所有中英文相關的名詞。作者藏書。

《英語集全》內容首見將英文 sparrow 譯作麻雀。

至於「一筒」牌的設計，從「太平天國牌」，到清代末年，再到民國時期，都是麻雀牌製造者刻上代表他們出處的位置。清末時期的 1906 年，清政府新政，實行禁鴉片煙的活動，流傳到日本的麻雀牌，曾出現了一套「紀念實行禁煙」，「富國強兵，意志必定」的罕見麻雀牌。

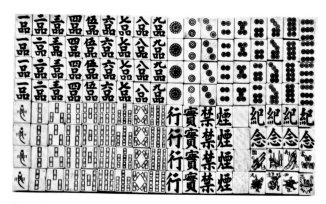

■ 清代末年的 1906 年，開始了禁鴉片煙的活動，在日本出現了一套「紀念實行禁煙」的麻雀牌。圖片源自 Bill Price's collection。

■ 「紀念實行禁煙牌」中，同時出現清末新政的宣傳口號「富國強兵，意志必定」字眼的花牌。

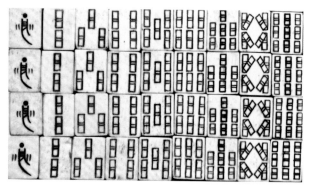

■ 「紀念實行禁煙牌」另一個特點，就是其中的「一索」牌，設計由一隻振翅飛翔的昆蟲，變成一隻形似雀鳥的圖案。

同一時期不久的 1907 年，在中國出現所謂「帝王牌」，牌面設計用上「龍鳳公侯將相」；而花牌共 16 隻，分別是「弓劍笔旂」、「福祿壽喜」、「連中三元」、「漁耕樵讀」，「万子」牌也是以「一至九品」官位代替。最特別是「五品」，用上「五」字，不是一般有企人邊的「伍」字。牌中的索子設計出現有類似雀鳥的圖形，明顯是從昆蟲演變出來的繪圖形式。

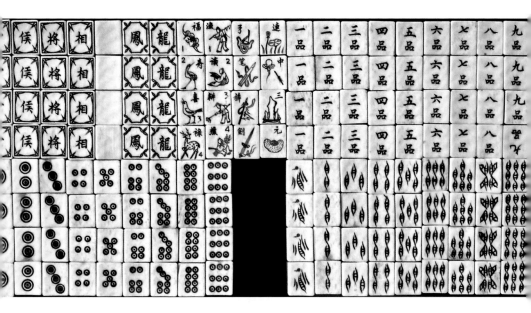

■ 清末 1907 年出現的「帝王牌」（Imperial Government Officials' tile set）由美國一個私人藏家收藏。

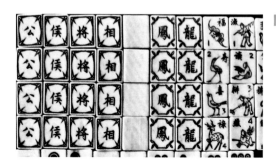

「帝王牌」出現了「龍鳳公侯將相」的牌，代替了「東南西北」的風牌和「中發白」牌。

「帝王牌」中的花牌，出現了封建時期常用的字眼：「連中三元，弓劍筆旂」；「福祿壽喜，漁耕樵讀」。

「帝王牌」中的索子牌，是使用「尖索子」的設計，而「一索」的子牌，開始變成更像一隻雀鳥的圖案設計。

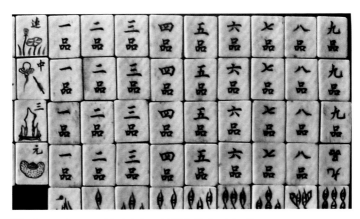

「帝王牌」另一特別之處，就是它的「万子」牌，
全部改為「一至九品」牌，代表清代的官位等級。

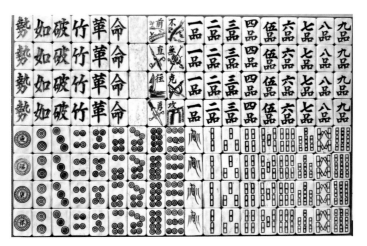

在 1908 年的日本，出現另一套更震撼的麻
雀牌：「革命勢如破竹」牌。圖片來自 Michael
Stanwick's collection。

接着不久的 1908 年，同在日本，出現另一套與「紀念實行禁煙」相同雕刻形態，更震撼的麻雀牌，刻上「革命勢如破竹」、「勇往直前，攻無不克」的革命宣傳麻雀牌，更在四隻「一筒」牌上，刻上製造者的名字「福康祥造」。

■ 這套「革命勢如破竹」牌，用上「革命」的字句，很明顯在中國是要殺頭的。所以這套麻雀牌，應該是革命黨人特別訂製在日本使用。其中的花牌，改為雕上「勇往直前，攻無不克」的革命宣傳字句。

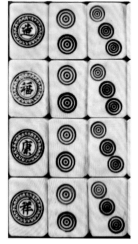

■ 「革命勢如破竹」牌在「一筒」刻上製造者的名稱：「福康祥造」，看名字，很可能是在福州地區訂製，帶到日本使用。

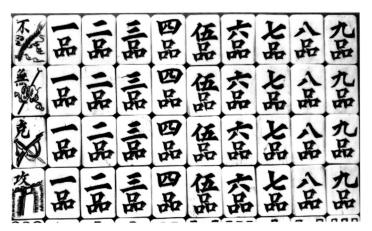

■ 這套革命黨人的麻雀牌，製造者仍然
保留「一至九品」官位的子牌，代替
「万子」牌。

這三套清末麻雀牌相同的特色，就是「万子」牌並不是刻
上「万」字，而是刻上清朝特有的「一至九品」官位牌代
之，正正代表清末新政時期麻雀牌的特色。接着的 1909
年，更是首次出現「一索」採用了麻雀飛翔的圖案，也是
「麻雀牌」名字出現的最早實證。可見麻雀牌除了作為民
間耍樂，也反映中國不同年代政治和文化的改變。

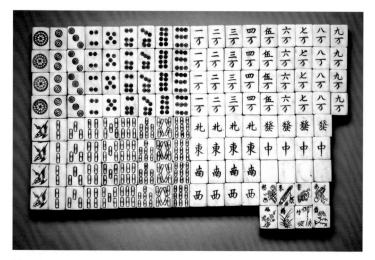

■ 清末 1909 年的麻雀牌，現存於美國紐約布魯克林博物館。特色是
已經沒有「一至九品」官位的子牌，回復「万子」牌，也採用了「中
發白」牌。這個改變，一直影響以後麻雀牌的設計標準。照片由
Brooklyn Museum Collection Fund 提供，藏品編號 #09.943。

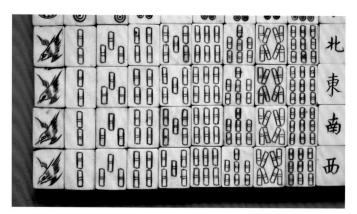

■ 這一套 1909 年清末麻雀牌，其中的「一索」牌，已完整刻上麻
雀飛翔的圖案，相信「麻雀牌」名稱的來源，反映於這一套麻雀
牌設計上的變動。

第 六 章

打麻雀牌怎樣在
世界盛行？

麻雀牌發源於中國，於清末民初已經全國風行，但發展到海外國家，最得力的居然是一位來自美國標準石油公司的營業員約瑟・巴科克（Joseph P. Babcock）。他於 1910 年代來到上海工作，和一般在華的外國僱員不同，約瑟努力學習華人文化，當他涉獵到流行的麻雀牌時，便產生新生意的念頭。他於 1920 年將麻雀牌整理介紹到美國，註冊專利，然後以他熟練的推廣銷售手法，在美國大力推廣。麻雀牌最初是由上海製造，然後以不同的形式：紙製、全竹料製、木頭製、骨和竹物料，並以不同的價錢和等級，針對不同社會階層和群眾，運到美國註冊營銷。

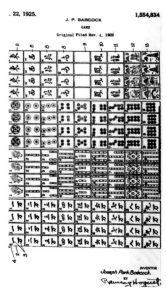

1923年4月3日，在美國和英國註冊專利，全套木盒裝竹骨材料製造，作出口的麻雀牌。作者藏品。

麻雀牌帶到美國和歐洲，是由美國人約瑟 · 巴科克在美國註冊登記專利和發明。圖示第一套在美國登記專利的麻雀牌全部圖形設計。

約瑟 · 巴科克在美國商會雜誌的照片記錄。

麻雀牌最初於上海製造，運到歐美銷售。但因成本關係，1923年在美國和英國，已出現印刷製造，以厚紙卡或木頭製的廉價麻雀牌。作者藏品。

因為牽涉版權註冊，所有製造出口到歐美的麻雀牌，都有產地和註冊登記標誌。

非常複雜的麻雀牌遊戲，能夠短短一兩年間在歐美興旺起來，原因是宣傳和推廣手法的空前成功，其中不同形式的麻雀牌，更以大眾為目標，深入民間。作者藏品。

最初製造出口美國的麻雀牌，為迎合美國人口味，雕上
「自由麻雀」，「龍鳳」代替「中發」，刻上由「中華麻雀
公司監製」字樣。因為約瑟宣傳麻雀牌是中國皇室宮廷
的遊戲，有遠古歷史，霎時間大受美國民眾注目和歡迎，
成為一種新的事物和追隨的潮流，明星和知名人士紛紛以
打麻雀牌作為他們跟貼潮流的舉動。為配合營銷，在歐美
印刷大量教人如何打麻雀牌的規則和玩法的書籍。百貨公
司、著名的零售商都紛紛加入銷售麻雀牌的行列。不論種
族、成年人或兒童，都投入這種新興玩意的潮流裏面。

■ 不論是竹骨材料、木頭，或是紙卡印製的麻雀牌，都會寫上「中華麻
雀公司監製」的字樣，標明正牌正貨。

■ 麻雀牌於 1920 年傳入美國，不到一兩年，已經大行其道。圖中顯示外國人在泳池中打麻雀牌的情景。

■ 1950 年代，外國人來香港遊船河，也湊熱鬧，打起麻雀牌。

■ 麻雀牌最初在歐美的宣傳，説是中國帝王的遊戲牌。1923年美國婦女宣傳上穿上奇形怪狀的中國清朝服裝。

■ 在宣傳上，麻雀牌被形容為中國各朝代高貴女士玩樂的遊戲。

■ 1924 年，麻雀牌在歐美的盛行，已是上流
人士聚會、耍樂的遊戲牌。

■ 1920 年代，歐洲的
會所，明顯已將麻
雀牌遊戲，放在他
們介紹會所設施的
資料冊中。

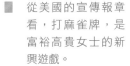

■ 從美國的宣傳報章
看，打麻雀牌，是
富裕高貴女士的新
興遊戲。

1920 年代，美國人注重汽車出遊，所以笨重大型的麻雀牌遊戲，更加需要展示如何在郊野耍樂。

1920 年代，麻雀牌在歐美大行其道，不少時裝和精品的廣告，都和麻雀牌拉上關係。

麻雀牌的宣傳，提及美國人駕車出行，亦帶同麻雀牌在路邊耍樂的情景。

1920 年代，在歐洲的海灘上，美麗的少女穿上時尚的服飾，玩着流行的麻雀牌。

■ 1920 年代,會所前的迎賓少女,穿着麻雀牌的服裝。

■ 1920 年代,麻雀牌的流行,已廣泛進入西方不同族群的婦女生活之中。

由於麻雀牌是從上海引入歐美，所以麻雀牌最初的英文名稱是採用上海「麻將」牌的 Mah-Jongg 的英文譯音，而不是「麻雀」。玩麻雀牌的潮流，除了美國本土，亦發展遠至歐洲各國，包括英國、法國、德國、意大利等。雖然麻雀牌早於清末已經傳入日本，但是在 1920 年代才開始盛行，在這個時候，日本和亞洲各地才興起打麻雀牌的熱潮。在短短兩三年間，到 1923 年，從上海出口的麻雀牌數量，已經成為上海總出口總值的第六位，出口不少於150 萬套麻雀牌。負責安排製作出口的美國公司，更特別

■　1923 年，在上海製造的竹骨物料麻雀牌供不應求，牛骨的供應嚴重不足，有美國商人特別從美國的農場，訂購有關的牛骨，運到上海製造竹骨麻雀牌。當時上海麻雀牌的出口量高達 150 萬套，佔上海出口貨品的第六位。

1924 年，在法國印製的麻雀牌書籍。

1920 年代，麻雀牌的興旺，連上海著名的永安百貨，亦特別出售和編製有關麻雀牌的書籍。作者藏書。

1920 年代，在美國、英國、德國、意大利、法國，甚至南非，都有專書介紹如何玩麻雀牌。這些書籍，在短短一兩年間，已經翻印無數次。

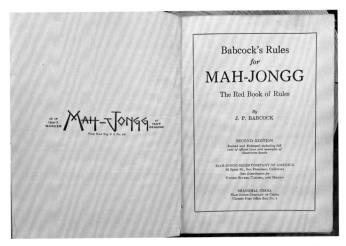

出口整套的麻雀牌，都會附上一本小紅書，由巴科克編寫註冊的「麻雀牌規則」，至於「麻將牌」的英文名稱 Mah-Jongg 和字形設計，也有專利。作者藏書。

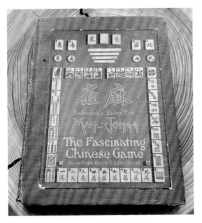

為了加深教導初學者玩麻雀牌，相關的銷售公司更出版了專門指導如何玩麻雀牌的專書。作者藏書。

美國各埠都有參與麻雀牌銷售的公司，其中不少華僑亦參與其中。圖示美國西雅圖和華盛頓的中華商務公司，也印製和出售麻雀牌。作者藏書。

■ 當年麻雀牌流行,亦有不少公司加入製作和出口,其中一間平洲公司,便是其中主力的參與者。公司取名「平洲」,其實取名來自打牌時「碰,上」的英文拼音 Pung Chow。

■ 上海美倫「碰和」麻雀牌公司,以竹料製造出口英國的初級入門麻雀牌,被推廣形容為:「中國的皇家遊戲——在孔子的大地上,已玩了幾千年」。

■ 上海一間製造麻雀牌的工廠——美倫公司,也是大量製造麻雀牌出口的公司,取名 Pung Wo Company,即打牌中「碰和」的稱呼。圖示美國買家和華人廠家在工廠門外合照。

在美國的農場運送牛骨到上海，協助供應牛骨的原料。香港亦開始加入製造麻雀牌出口到英美地區。英美兩國更在本土以印刷方式，以木料和紙咭製作大量廉價麻雀牌，迎合市場不斷的需求。

麻雀牌於 1923 年在世界的興旺，發展到日本侵華時期的 1937 年便開始衰落，主因是麻雀牌已被不少賭博和賣淫場所使用，中國各地方政府亦對麻雀館收取稅項，增加收入。在外國，因麻雀牌牽涉賭博成分，名聲開始不太好，嚴重影響麻雀牌的出口和發展。直到新中國成立，麻雀牌

■ 日本侵華時期，麻雀牌開始衰落，主因是玩麻雀牌已牽涉賭博，中國各地政府亦紛紛向麻雀牌的賭博娛樂場所收取稅項。圖示 1931 年，廣州市收取麻雀牌娛樂場所稅項的收據。網上照片。

■ 麻雀牌在民國時期，已經是一些食肆和會館必備的娛樂遊
戲。網上照片。

■ 1949 年解放前，在上海拍攝的電影《麻雀與烏鴉》，講
述民國時期社會的眾生相，並揭露當時政府黑暗腐敗的情
況。圖示打麻雀是片中重要橋段，也是現有打麻雀實景拍
攝最早的記錄。

更被視為賭博工具和舊社會的不良風氣而被禁止。

麻雀牌在二戰後的發展，主要由香港領頭，在日本及東南亞地區繼續製造和發展。至於香港，因為不少技術工匠的投入，在木雕、骨雕和象牙雕刻製作上，達到非常高的水平，整套精美雕刻的麻雀牌，便是從香港出口到歐美各國。內地要到八十年代改革開放，才批准民眾在沒有賭博金錢成分下耍樂麻雀牌，在短短幾年間，打麻雀牌在內地流行和受歡迎的程度迅速急升，教導麻雀牌打法和戰術的書籍，大量出版和翻印。

■ 麻雀牌牽涉雕刻工藝。它的興旺，帶動了不少年青人加入雕刻骨牌的行業。

新編
麻雀牌譜
陳志明編
香港陳湘記書局印行

永發祥

本門北設魚製仕設定牌料堅以如小知香港門號東
號內蘇開牙各來商製固副彙號言港牌支街
開內蘇港式特就價項購之上店三永
設探雀以近別之目真以者顯撦不環百十開發
上辦金牌購便新精雜之請試大七設九牌
海淨竹令 辦式細克雅移用也馬十文號謹
新白精分 及雀遠之葟玉方 路六咸 白

WING FAT CHEUNG
SPARROW PLAYING CARDS
FOR SALE CHEAP PRICE
ANY KINDS OF CARDS MAKE READY
IVORY AND FISH BONE
No. 276, Queen's Road Central,
BRANCH
No. 39, Bonham Strand East.
HONGKONG

■ 香港一直流行打麻雀牌，亦有出版相關書籍，其中以香港陳湘記書局發行為主，在澳門印刷，內容主要抄襲民國時期上海出版的著作。

■ 1920 年代，香港永發祥公司印製的麻雀牌遊戲規則和指引。作者藏書。

■ 踏入 1980 年代，中國內地改革開放，麻雀牌可以公開耍樂，玩麻雀牌有關的書籍於 1986 年出現。在短短一兩年間，不同內容的書籍，翻印數量已達百萬本，可見打麻雀牌在內地迅速普及。作者藏書。

第 七 章

麻雀牌製造的
發展

製造麻雀牌所用的物料，最早的「太平天國牌」是竹骨牌，牛骨部分表面並不平滑，很明顯是利用原有的牛骨在上面雕刻，所以牌面有拱形的凹凸，反而是背部竹料的部分非常單薄。從天九牌的實物考證，麻雀牌這種做法和所用的物料，應該是依據牌九的製作，即是從紙牌改為全竹物料，再改良為更高級的竹骨材料，並在這方面發展。

在麻雀牌極其旺盛的 1923 年至 1930 年代，在上海負責統銷麻雀牌的公司，曾列出整套麻雀牌的分類，共 38 種等級和價錢，由 1 至 38 號清楚排列不同的組合，價錢亦由最便宜每副大洋 4 元，到最昂貴的大洋 36 元。主要區

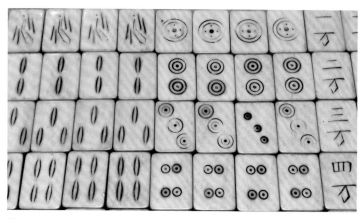

■ 現存最早麻雀牌是以竹骨物料製造。此套是繼「太平天國牌」後，現存較早期清代的麻雀牌，時間約為 1875 年。仍然保留着簡單的圖案設計，「一索」牌的設計，承襲振翅昆蟲的圖案，「一筒」牌仍保留着銅錢樣子的設計。也是最早使用尖索子圖案設計的開始。作者藏品。

■ 1928 年開始，麻雀牌採用當年象牙代用物料賽璐珞 celluloid 來製造，作為仿象牙的平價物料。作者藏品。

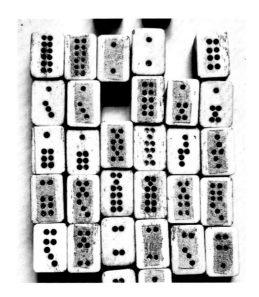

麻雀牌最初選用竹骨物料，是以牌九的製作用料為依據。

1928 年，麻雀牌在上海已集中分銷，牛骨或鯨魚骨的用料，其厚薄和雕刻工藝，是決定麻雀牌不同等級的售價。

分於精工至優精工的雕刻水平；牌的用料由竹骨至真象牙加竹料；骨或象牙用料的厚薄；還有剛出現不久的賽璐珞（celluloid）仿象牙物料。牌的大小，當年主要是「總會」（上海總會 Shanghai Club）標準和「加大」兩種。牌的圖案形狀設計，也有價錢區別：「索子」牌由尖索、方索、圓頂索、竹索分類；「筒子」牌也分為圓筒、菊花筒、梅花筒；「萬子」牌只分為小万子和大萬子；「四時八花」的

■ 民國時期麻雀牌整套出售的標準，是以「總會」為標準，即是上海總會為依據。

麻雀牌

精工時花白骨淨細面子景緻竹莊悅盒全裝
四八魚淨

郵局能寄　關稅不取

郵寄費另加
雙倍費六角
四倍費一元二角
單倍費三角
三倍費九角

一號總會式尖索圓筒小万洋鐵盒裝　每副大洋四元
二號總會式尖索圓筒小万洋鐵盒裝　每副大洋五元
三號加大式尖索圓筒小万洋鐵盒裝　每副大洋四元五角
四號加大式尖索圓筒小万洋鐵盒裝　每副大洋五元五角
五號總會式方索小万圓筒紅木盒裝　每副大洋六元
六號加大式方索小万圓筒紅木盒裝　每副大洋七元
七號總會式員索小万紅木盒裝　每副大洋七元五角
八號加大式員索小万紅木盒裝　每副大洋八元五角

1928 年，上海批發出售的麻雀牌，共分為 38 個等級和組合，價錢根據不同的要求和牌的細節決定。圖示 1-8 號等級的內容。

郵局可寄　卡關厘稅　與客無涉　包能運到

寄費另加　單倍四角　雙倍八角　四倍一元六角　三倍一元二角　四角莊寄一元二　各省寄費請查閱第（4）頁倍費表

（第 25-28 號等級的廣告細目）

民國時期在上海出售麻雀牌的第 25-28 號等級。最貴是第 38 號，售價高達大洋 36 元。

■ 1923 年，出售到日本的麻雀牌，全套連木盒。作者藏品。

■ 1923 年為日本出口
的麻雀牌，木盒外用
上日本的菊花標誌。
作者藏品。

香港一直製造和出口麻雀牌。
1980 年代，更精製高級麻雀牌
出口歐美。圖示精緻的麻雀牌木
盒，鑲有雕刻翡翠的裝飾，十分
高貴。作者藏品。

花牌更加以盆景精雕為最高價；至於籌碼莊子骰子和木盒的用料，也影響價錢。發展到今天，我們使用的麻雀牌設計的圖案已經標準化，並採用民國當年最高級、最貴重的牌形設計，即是用了「大萬子」，楷書體的「東、南、西、北、中、發、白」，圓竹「索子」，站枝麻雀，圓菊花「筒子」和「春、夏、秋、冬；梅、蘭、菊、竹」作為標準。

至於製造麻雀牌的用料，隨着時代的改變，已經由紙牌、細紋竹、牛骨、魚骨、真象牙，轉變為假象牙的賽璐珞。這些物料在二戰前使用，全是人手雕刻，並裝嵌在竹料背上。二戰後使用的琥珀色塑膠原料（Bakelite），然後

民國時期，麻雀牌由竹骨物料，發展至賽璐珞物料，仍然是使用人手雕刻。作者藏品。

到今天的亞加力硬膠（acrylic）、胺酸塑膠料（melamine-formaldehyde resin）和玻璃鋼（Fiber Reinforced Plastics）。用這些物料製造的麻雀牌，已經是機械造模具雕刻和印刷上色。為節省每一局的洗牌和砌牌，作新一局四方城的時間，機械麻雀枱亦應運而生。

至於牌的尺寸，香港廣泛使用 36 至 38 號；內地各地區如上海、浙江、江蘇、福建是 40 和 42 號；其他如黑龍江、湖北、河南、陝西用 44 號；四川用更大的 48 號，根據各地民眾的習慣，各適其適。這樣的變化，和歷史最早一套麻雀牌的 18 號比較，足足大了一倍有多。

　■　從不同年代「一索」牌的大小，圖案設計的改變，可以看到麻雀牌的變化，由一隻飛翔的昆蟲，慢慢變成雀鳥飛翔的情況。

麻雀牌的創造，只有 170 年歷史，由原本的寧波、上海和福建一帶，迅速擴展至全中國；然後再發展到日本、東南亞和歐美地區。然而急促的發展，只是發生在短短二三十年的時間，便全面普及至世界各地。這樣對於判斷現存的麻雀牌是屬於哪一個年代，便出現很大的挑戰。原因是麻雀牌的製作，早期全屬手工藝，不少是個別客人訂購指定的款式，不時出現特有的表達方式。但整體來說，麻雀牌的變化，亦是承先啟後，緊貼市場，作出適當的改變。至於坊間，大多是不求甚解，籠統指稱手上的麻雀牌屬於清代、民國，但其實該牌的製作物料和出現特有的圖案設計，根本沒有可能出現在所指的年代，所以實物分析，更須要細心求證。

這方面的鑑別和考證，涉及大量不同年代的麻雀牌實物，從它們的製作工藝、物料和圖案的設計，並須要作出仔細的比較和分析。原因是每種細微的改變，正是反映不同時段的特色。情況就像今天汽車的發展歷史，不同年代的汽車因為科技不斷的發展，車款、功能和用料，跟以前比較，都是不一樣的。麻雀牌的發展亦是如此，也出現了承先啟後，互相重疊的情況。

因為科技不斷的發展，汽車的設計和款式，都隨着時間的發展，不同年代有不同的款式和功能，麻雀牌的發展亦是如此。圖片顯示著名德國車廠平治汽車奔馳（Mercedes Benz），也推出設計十分有特色的麻雀牌，提供給他們的客戶耍樂之用。

從現存最早清代咸豐年的「太平天國牌」開始，經過同治年，踏入光緒年，再到清末宣統年和民國初年，不同時段的麻雀牌，反映在索子、筒子、萬子和花牌所採用的圖案、書體和花牌內容用字的變化。至於製造麻雀牌所用的物料，亦反映不同年代手工業的發展和生產方式的改變。

麻雀牌源於清代咸豐年，至於「麻雀牌」得名根據的麻雀圖案，最早是清末的 1909 年，才展現於麻雀牌上。故

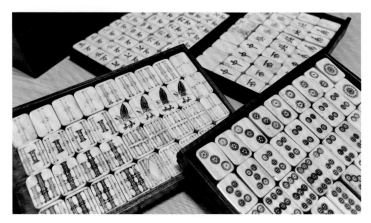

■ 不同時期的麻雀牌，在圖案設計上，均能在索子、筒子、萬子、花
牌和採用的漢字書體上，反映出時代的特色和變化。

相信麻雀牌在清末之前，並不是稱作「麻雀牌」，極可能
是叫做「中發牌」，或是更早的「麻將牌」。至於牌的名
稱發展，1854 年至 1875 年間，沿於「太平天國牌」普
遍的稱呼，可能就是「麻將牌」。其後的 25 年，即 1875
年至 1900 年期間，牌面與太平天國有關的痕跡，已經完
全消失，代之是多了「中發白」牌的出現，所以這段時期
的麻雀牌，亦曾被稱為「中發牌」。牌的設計亦開始由平
頭索子改為尖頂索子。為配合尖頂索子的設計，「一索」
的圖案，更加形似一隻振翅飛翔的昆蟲。「一筒」牌也改
由簡單大小圓圈圖案，代替了之前船上駕駛舵的圖案。

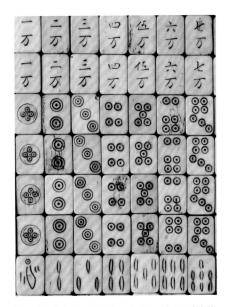

繼「太平天國牌」之後，發展到清代
末年，為配合尖頂索子的設計，「一
索」的圖案，更加形似一隻振翅飛翔
的昆蟲。至於「一筒」牌也改由簡單
的大小圓圈圖案，代替了之前船上駕
駛舵的圖案。

踏入清末的 1900 年至 1909 年，麻雀圖案的雛形開始出
現，平頭索子再被採用，而「一索」的形狀，已由一隻振
翅飛翔的昆蟲，變為一隻有嘴的雀鳥。在清末推行新政的
時期，為配合宣傳皇權，更將「中發」牌改為「龍鳳」牌；
更大膽將原本的「万子」牌，改為清代封建官位的「一至
九品」牌的情況。至於八隻花牌，亦被利用發揮當時的政
治宣傳和立場表達。

■ 清末推行新政的時期，為配合宣傳皇權的至尊位置，將「中發」牌改為「龍鳳」牌。

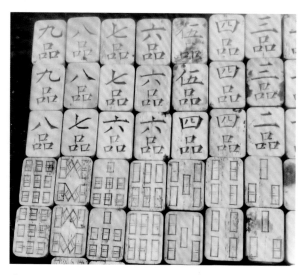

■ 清末新政除了鞏固皇權的地位，更加確立清代官制的重要性，大膽將原本的「万子」牌，改為清代封建官位的「一至九品」牌的情況。

直到宣統的 1909 年到 1911 年，出現了重要的改變，除了索子牌沿用舊的平頭索子外，「一索」牌圖案，已改為一隻立體形態飛翔中的麻雀。並取消了「龍鳳」牌，改回「中發」牌；「九品」牌亦不出現，改為之前的一至九「万」字牌；至於筒子牌中的「一筒」設計，亦由複雜的菊花圖案，代替了之前的大小圓圈簡單設計。

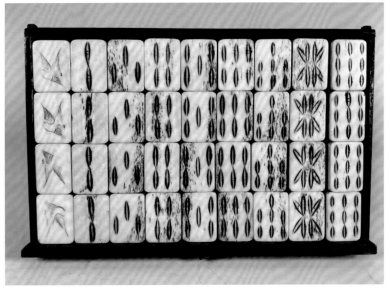

■ 清末 1909 年到民初的 1911 年，麻雀牌出現了重要的改變，「一索」牌的圖案，已改為一隻立體形態飛翔中的麻雀，也是麻雀牌面顯示麻雀形態的最早實物。

考究「一筒」牌圖案的轉變，相信是始於清末至民初時段，特別為日本市場製造麻雀牌所出現的改變。原因是日本市場需要整套麻雀牌的圖案，比中國一般使用的形體要大，牌的大小也選擇了加大號（即 31mm 長），筒子牌在中國簡單的大小圓圈圖案設計，便因為加大了的「一筒」牌，採用多花瓣的菊花圖案代替，迎合了日本市場的新設計。這方面的考究，亦引證了中國最早出口麻雀牌的地方，並不是歐美地區，而是日本。雖然製造數量不多，流行程度和產量亦不及後期的歐美。

早期出口到日本的麻雀牌，發現四隻風牌和花牌上，分別刻上「1 至 4」阿拉伯號碼的小字。至於餘下的索子、筒子和万子牌，出口日本的初期，是沒有刻上任何阿拉伯數目字。到了民初，出口到日本的麻雀牌，在万子、筒子和索子牌上，都刻上「1 至 9」的阿拉伯數字，方便不懂漢字或圖案的人，很快看清楚每隻子牌的數值。從實物可見，日本是中國製造麻雀牌出口最早的地方，在清末的 1907 年已經出現。早期日本牌顯示的特色，正是 1920 年代後，從中國大量製造，出口到歐美的麻雀牌所採用的圖案和細節，設計也是從早期的日本牌得來，在美國註冊專利。

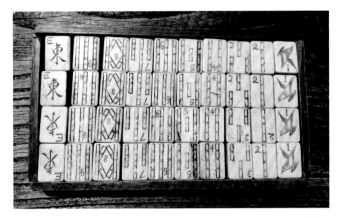

到了民初時期，出口到日本的麻雀牌，在万子、筒子和索子牌上，都刻上「1 至 9」的阿拉伯數字，方便不懂漢字或圖案的人，很快便看清楚每隻子牌的數值。粗大和佔很大版面面積的平頭索子設計，正是為出口日本而做，也成為日後在美國註冊專利出口麻雀牌的圖案根據。

清末至民初時段，特別為日本市場製造形體和尺寸都加大的麻雀牌。筒子牌也增大了圓圈，「一筒」牌便不能用上之前簡單的圖案，為迎合日本市場，以多花瓣的菊花圖案代替，亦印證了中國最早出口麻雀牌的地方，並不是歐美地區，而是日本。

至於清末民初，改變最大的特色，就是八隻花牌，由政治宣傳句子，變為初次出現「春夏秋冬」、並配上「一、二、三、四」字眼的副牌；其後，亦是首現四隻「百搭」牌和更後期的「聽用」牌出現。至於「梅蘭菊竹」和「琴棋書畫」的字句和圖案，也是這段時期重大的設計改變，也奠定了民國麻雀牌的整體圖案方向。值得留意的，就是「中發」牌中的「發」字牌和「東南西北」漢文字牌，清代時期所用的字體，都是行書體。至於万子牌的小「万」字，仍未用上民國年代才出現的大「萬」字牌。

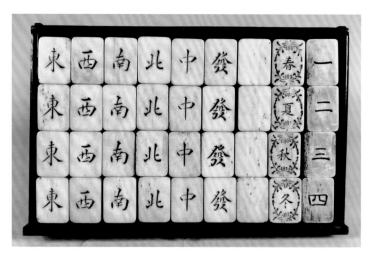

■ 圖示民初時期，八隻花牌中，初次出現「春夏秋冬」、並配上「一、二、三、四」字眼的副牌。

　　踏入民國時期，花牌出現與「梅蘭菊竹」並用的四隻
「百搭」牌。圖示民國抗戰時期的麻雀牌，「白板」牌
已出現雙線外框和「百搭」牌配對的設計。

　　抗戰前後，也出現了「聽用」
牌，代替了「百搭」牌。

踏入民國初期，即是 1912 年至 1920 年，尖頂和平頭索子的牌型圖案並行。「一索」的飛翔麻雀，已被站立開屏的孔雀圖案所替代。「一筒」的圖案設計，已由出口日本的菊花圖案，改為部分採用梅花。至於「万」字牌，已經出現了大體「萬」字，但「小万子」仍然十分流通。至於這段時候的「發」字牌，和「東南西北」漢字體，已經採用楷書體的「發」字等等。

■ 在 1930 年代後，直至 1960 年代，最受歡迎的「一索」牌圖案，是側面站立沒有開屏的孔雀。這種站立孔雀的設計，不同工匠作出不同雕刻形態的詮釋。

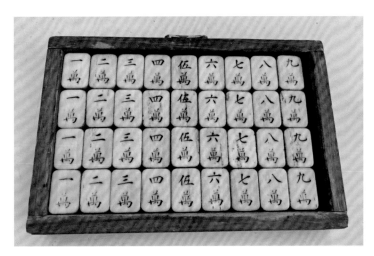

民國時期,「大萬子」字體的字牌才開始出現,但沒有減弱原有的「小万子」字牌的流行。

民國時期,麻雀牌上的文字:「東南西北」和「中發白」等漢字體,已經採用楷書體。至於「春夏秋冬」、「梅蘭菊竹」花牌,已經加上有意境的花朵圖案作配合。

踏入 1920 年代，牌的圖案轉變，主要是表現在索子牌上，增加了圓頂索、竹節索；筒子牌分別出現不同的菊花或梅花圖案，各有不同的花瓣設計；萬子牌保留了「小万子」和「大萬子」兩種，分別流行使用。其中最突出的變化在於「一索」牌，由最受歡迎的站立開屏孔雀設計，改為側面站立沒有開屏的孔雀；再改為飛翔中的鶴；之後有站立的鶴；再改為站枝雀鳥；流行最長久的「一索」牌設計，是側面站立沒有開屏的孔雀圖案，這種圖案一直維持到戰後。至於「白板」牌出現長方形外線，也是二戰前後時才出現。踏進 1960 年代，「一索」牌才被站枝雀鳥的圖案完全替代。

流行最長久的「一索」麻雀牌圖案設計：側面站立沒有開屏的孔雀。不論是配搭平頭索子、尖頂索子或竹節索子；或是和大小萬子牌，都用得着的設計。

現今麻雀牌的圖案設計，主要是採用民國
時期最高級別的精雕麻雀牌圖案，包括圓
頂竹節索子和麻雀站枝的「一索」牌；精
細的菊花「一筒」牌；楷書漢字體和雙線
窗形的「白板」牌；八花牌則採用了「春
夏秋冬，梅蘭菊竹」為標準。

至於現今麻雀牌的圖案設計，主要是採用民國時期最高級
別的精雕麻雀牌圖案，包括圓頂竹節索子和麻雀站枝的
「一索」牌；精細的菊花「一筒」牌；楷書漢字體和雙線
窗形的「白板」牌；八花牌則採用了「春夏秋冬，梅蘭菊
竹」為標準。至於個別公司推出的特別版麻雀牌，更加多
姿多彩，變化萬千。在日本，大型遊戲牌製作公司任天堂
於 1964 年第一次生產和製造麻雀牌，取名「役滿」，這

也是日本製造高級用料的麻雀牌，所採用的圖案，正是民國初年最受歡迎的站立開屏孔雀的「一索」，這方面的設計和生產，日本一直保留到今天。

■ 現代的麻雀牌，採用最新的塑膠物料，既有重量又堅固耐用，個別公司更推出特別版的麻雀牌，設計多姿多彩，變化萬千。圖示德國平治汽車廠（Mercedes Benz）最新推出的精美麻雀牌套裝。

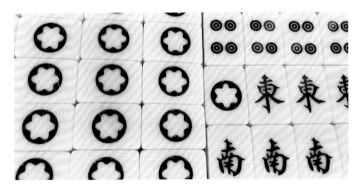

■ 為了迎合中國市場客戶的需求，德國萬寶龍（MontBlanc）
墨水筆公司，為他們的貴賓顧客，特製的紀念麻雀牌套
裝。圖片由 Dr Alfred H. Y. Lin 提供。

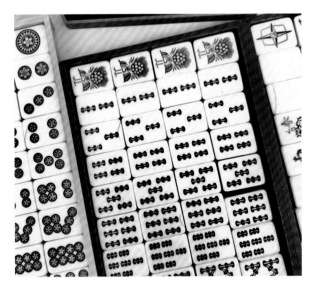

■ 日本大型遊戲牌製作公司任天堂，原本只製造精美的
紙質撲克牌，但於 1964 年，首次在日本生產麻雀牌，
取名「役滿」，所採用的圖案，正是民國初年最受歡迎
的站立開屏孔雀的「一索」牌和其他相關的圖案，這樣
的設計和生產，日本一直保留到今天。

第 八 章

打麻雀牌有沒有必勝術？

打麻雀牌，是非常複雜的遊戲。雖然如此，入門並不困難，但要得心應手，精通牌技也不是輕而易舉的事情。探究打牌技巧構成的因素，其中包括哲學、軍事學、心理學、數學、邏輯學和橫面思考。若從這方面來看，打麻雀並不是一般只靠運氣的遊戲那麼簡單，而是一種鬥智的康樂活動，所以能夠掌握打牌的技巧是非常重要的。所謂熟能生巧，多看和多打麻雀，就是鍛煉麻雀技巧的最佳法門，從實踐中去掌握、累積和探求打牌的技巧，將大大提升自己打牌獲勝的機會。

麻雀牌起源的結論，是太平天國將領所創造的新遊戲牌玩

■ 打麻雀牌的情景。

法。因為 1846 年寧波賭具的記錄，證明之前是沒有麻雀牌存在這一回事，所以麻雀牌最先出現的時間，是 1851 年至 1854 年之間。現存最早的麻雀牌，應該為太平天國水師所用的遊戲牌。

研究發現有兩種推論：首先，在上海或北方，麻雀牌叫「麻將牌」，不是麻雀牌。「麻將」，意思即是麻衣將領，出身平民大眾的將領。情況和太平天國出身五湖四海的兵員十分相近。另外，麻雀牌的打法，是攻打四方城，也就是攻城取勝的戰略遊戲。做牌便是策劃籌謀，完全是有謀略、有策略、看清形勢的打法。應該是出自像軍師或有戰

略的人所設計出來的玩法，並不是一般鬥大靠運氣的平民玩法。在當年，這是完全創新的遊戲玩法，也是太平天國的將領們發明的新玩法，這個推斷可信性非常高。雖然太平天國覆亡後，所有證據都完全銷毀，但這種遊戲玩法能夠保存下來，更在很短的時間內，於浙江寧波一帶興起，並流行到今天，成為華人的國粹，大受歡迎。

麻雀牌遊戲的玩法，是出自太平天國的將領，原因是麻雀牌的遊戲完全是有籌謀，有策略，看形勢的打法，和馬吊牌完全不一樣。太平天國雖然覆亡，但他們留下來的遊戲牌玩法影響全世界，成為華人的國粹。

麻雀牌遊戲能在太平天國滅亡後保存下來，並迅速發展起來。1920 年，從上海由美國人帶到歐美地區，只須兩三年的時間，便風靡整個歐美社會和不同族群。這麼成功，麻雀牌隱藏着什麼生活哲理呢？答案可能就是它的複雜性；玩牌時包括不少未知之數；每一局牌，都要動腦筋，分析牌面和估計對手的遊戲。當玩家熟習整個遊戲規則和玩法後，很快便被它獨特做牌和做番的活動所吸引。

■ 麻雀遊戲牌的宣傳，提及八仙過海，能者得勝！

為了促進麻將牌人工智能計算，中國國家自然科學基金計劃亦資助了這方面的研究。不同學者曾計算麻雀牌遊戲的勝負，其複雜程度比象棋和圍棋更甚；每一場麻雀，手上的牌要經過多少轉換，如何換牌（即做牌），才到叫糊。其中運算的困難，是牽涉大量可能形成的組合，在快速每一回取牌時，便須立即決定換什麼牌，而每一步都是最後取勝的重要決定。最新的研究數學模式，麻雀牌在科學計算上，是經過預設的簡單可行的組合，作適應度評估的算法，以變異和交叉操作運算，作出每次換牌的決定，研究成果進展良好，相信人工智能以後在這方面的發展，仍有待新的突破。

▓ 人工智能已經發展到棋局比賽。相信不久將來，雀友亦會決戰人工智能。

若打麻雀牌只是着重遊戲的勝負，人工智能遲早將會戰勝人類。但是打麻雀牌成功之道和受歡迎的重要因素，並不在於勝負，而是參與玩麻雀牌的雀友，不論是新知或舊好，在麻雀枱上很快便熟絡起來，甚至成為好朋友，它成為一種社群聯誼最佳的娛樂遊戲。也有減壓作用和帶有強烈刺激的賭博特性。亦有研究指出，打麻雀牌能鍛煉腦筋，對老人癡呆症亦有療效。

■ 麻雀牌遊戲已經不限於華人社區，在現今的西方社會，亦重新受到注意。

▊ 麻雀牌遊戲的成功和迅速受到歡迎，完全是因為它的玩法複雜，鍛煉參與者的腦筋和思考，在社群聯誼中，發揮重要的作用，增強新舊朋友間的友誼，不限於遊戲的勝負和輸贏。這樣的特質，並非其他遊戲牌能夠比較。

今天我們攻打四方城，拿起麻雀牌的時候，會否想起它的故事，是源自反清太平軍將領所創造有謀略和技巧的遊戲：佈陣鬥智、審敵誘敵、適時變局、乘風破浪等等的策劃和玩法。多了對麻雀牌真正的認識，會否激發我們做牌和叫糊的智慧和技巧，把腦袋鍛煉得更加精明呢？

後記

出版這一本麻雀牌故事的小書，源於作者小時候，母親經常和一眾街坊在家中打麻雀耍樂，耳濡目染，故此對麻雀牌也有親切感。雖然本人並不樂於打麻雀牌，但身邊不少朋友都是以打麻雀作為他們聚會的最佳遊戲。

打麻雀遊戲在華人社群中非常受歡迎；不論在大中華地區、東南亞、日本，甚至歐美各地，經常打麻雀的人，為數十分之多。當我詢問他們：「知不知道為何索子中的『一索』是一隻雀仔？但其他索子是竹節的形狀？」各人都哈哈大笑回應：「不知道！」這便引起我的興趣，去追尋麻雀牌背後的故事。但翻查所有網上的資訊、中西書籍、相關的文章，甚至學術論文，對於麻雀牌的來源，都沒有得出一個合理的解說，大部分只是民間傳說，以訛傳訛。

這種情況，令我決心認真做一次麻雀牌故事的研究。除了翻查所有中西文獻和檔案外，還搜羅了不少不同年代的麻

雀牌實物，作深入的分析和比較，最後梳理出一個滿意的
結論。為了推介給全世界華人和「雀友」了解麻雀牌真實
的故事，特別和中華書局（香港）有限公司接洽，希望
能盡快出版一本受眾廣泛的麻雀牌故事書籍。當我與出版
社會面時，有幸會見新上任的董事總經理、總編輯周建華
先生。周先生文質彬彬，估不到來自浙江有科研專才背景
的他，對麻雀牌都有涉獵。周先生聽了我的出版介紹後，
便一口答應，更安排盡快出版。對此，非常感謝中華書局
（香港）有限公司各位同事，為促進國粹文化和歷史，作
出努力和貢獻。

細看現存最早竹骨麻雀牌的製作，是以中國南方盛產的細
紋竹，每隻牌以入榫的方式和牛骨面料拼合而成，造功精
細。與歐洲和美國同期骨牌遊戲的製作工藝比較，歐美是
用銅釘打進牛骨和烏木中間，合拼而成每一隻牌，但銅釘
造成對骨牌的破壞和表面的不平滑。與同時期歐美流行其
他遊戲牌製作的工藝比較，更顯得中華文化工藝有着遠古
的智慧，這方面亦反映在麻雀牌的製作上。

為了追尋麻雀牌工藝在香港發展的最新情況，作者特別走
訪香港僅存的三位麻雀牌雕刻師傅，希望他們能夠復刻最

早的竹骨物料麻雀牌。但走訪的結果令人非常失望，原因
不是香港只餘下三位麻雀牌雕刻師傅，而是他們對於做了
幾十年的專業，表現出意興闌珊，不求變更的情況，沒有
將這個手工藝專業帶到更高的層次，只停留着舊有的手工
藝製作方法，只願意做容易入手的亞加力塑膠物料，對於
甚具挑戰的牛骨物料雕刻，完全拒絕，更加不用說雕刻在
更硬的賽璐珞物料上。雖然每位師傅能夠在兩天內便完成
一套塑膠物料雕刻的麻雀牌，但他們的收費，最便宜的都

■ 1860 年代上半葉，美國爆發南北戰爭的內戰，參戰的軍人，消閒
的活動就是玩骨牌，也是當年歐美最流行的遊戲。圖片顯示美國軍
人正在玩骨牌。

當年美國和歐洲製造的骨牌，是以牛骨合併堅硬的烏木（ebony）而成，尺寸已經劃一標準為2×1x5/16英吋。製作是將牛骨面和烏木，以釘子在中間打穿作拼合，但造成對骨面的破壞和表面釘子突出牌面不平的情況。

到1950年代，歐美已改用賽璐珞物料製造精美的骨牌，但仍然在牌面保留中間植上小銅釘的傳統特色。

要三千港元一套，最貴的收費是六千港元一套，這種收費和所用的物料，與現今工業生產大量製造的胺酸或玻璃鋼用料的麻雀牌比較，相差更高達六十倍！工業生產的全新麻雀牌，既精美又耐用。若果現今的麻雀牌雕刻工藝，不是走向高端雕刻手工藝的發展，接受難度和精準雕刻的挑戰，遲早會走向完全消失的結果，這也是麻雀牌歷史發展的必然。

因為收集了大量麻雀牌的實物和圖片，直接印證了麻雀牌源自中國的故事和實際發展的情況，本書決定以插圖多，精簡文字內容方式出版，希望能將本書普及化。此書出版的目標，是釐清現時對麻雀牌故事的錯誤理解。對各位「雀友」來說，更多了一個經常打麻雀聚會談論的話題！